AF343060

ELOGE

DE MAURICE

COMTE DE SAXE,

Duc de Semigalle et de Curlande, Marechal general des Armees de Sa Majeste Tres- Chretienne.

DISCOURS

QUI A REMPORTE LE PRIX

de l'Académie Françoiſe en 1759.

A PARIS

M. DCC. LXIII.

ELOGE

DE MAURICE

COMTE DE SAXE.

TOUT homme qui a de grandes vertus ou de grands talens, a droit de prétendre à nos hommages, quand même placé loin de nous par la nature, jamais il n'eut influé sur notre bonheur. Le fondement de cette espece de culte, c'est la gloire que les grands Hommes répandent sur l'humanité qu'ils honorent, & le besoin que nous avons de ces êtres supérieurs, pour suppléer à notre foiblesse. Mais si né parmi nous, ou fixé par choix dans notre patrie, il a servi l'Etat par ses talens, s'il l'a éclairé par ses lumieres, s'il l'a orné par ses vertus, alors la reconnoissance nous fait un devoir sacré de ce

tri-

tribut de vénération & d'amour. L'intérêt même du genre humain exige, réclame cet hommage. Un grand Homme est un ouvrage long & pénible de la nature. Cette mere féconde de tant d'êtres qu'elle crée en se jouant, semble ne produire celui-ci qu'avec une réflexion profonde & lente. Qui sait si nous ne pourrions pas l'aider dans cette production sublime ? Qui sait si le respect & l'admiration du genre humain pour ces hommes rares qui paroissent quelquefois, ne pourroient pas développer les germes de la grandeur dans certaines ames où l'ingratitude les glace, où le découragement les étouffe ? La gloire, dit un Ecrivain célebre, est la derniere passion du Sage. Honorons les grands Hommes, & les grands Hommes naîtront en foule.

Il en est un que nous avons admiré long-temps, qui devenu notre Concitoyen par choix, a été notre vengeur & notre appui. A ces mots nous nous rappellons l'idée de MAURICE COMTE DE SAXE. Déja l'admiration & la reconnoissance de concert, lui ont élevé un monument. Le marbre amolli & vivifié par une main savante, nous a représenté les traits de ce grand Homme, avec les attributs de la gloire. A peine ce chef-d'œuvre de l'Art a-t-il été découvert aux yeux des François,

çois, qu'on les a vus accourir à flots tumul-
tueux. Le Magiſtrat & le Guerrier, la Cour
& le peuple, tous ont contemplé dans ce
marbre l'image du bienfaiteur de la Patrie:
A ce ſpectacle leur cœur s'eſt ému d'un atten-
driſſement involontaire : ils ont admirè ſa vie
& pleuré ſa mort.

Un Corps auguſte de Citoyens qui joignent
les vertus aux lumieres, & la Philoſophie
des Platons à l'éloquence des Démoſthenes,
veut élever à ce Héros une autre eſpece de
monument plus durable que le marbre & que
l'airain. Une foule d'Orateurs paroît aujour-
d'hui dans cette reſpectable Aſſemblée, &
diſpute le glorieux avantage d'avoir le mieux
célébré un grand Homme. Et moi je viens
auſſi prononcer d'une voix foible quelques
mots aux pieds de ſa ſtatue. Si je n'ai pas la
gloire de l'emporter ſur mes rivaux, du moins
j'aurai celle d'avoir rempli les devoirs ſacrés
de la reconnoiſſance : & ſi je ne réuſſis point
comme Orateur, je m'applaudirai comme Citoyen, d'avoir honnoré, autant qu'il étoit en
moi, le Défenſeur de mon Pays.

Laiſſons aux flatteurs & aux eſclaves le ſoin
de louer les hommes ſur la diſtinction d'une
illuſtre naiſſance. Pour nous, toutes nos pa-
roles doivent être peſées dans la balance de

la

la vérité : & l'on doit trop de refpect aux cendres d'un homme tel que MAURICE, pour les outrager par de faux éloges.   Ne flattons point celui qui n'a jamais flatté,   Le feul mérite qui ait manqué à MAURICE, eft celui de percer la foule pour s'élever : car je ne puis diffimuler qu'il étoit né du fang des Rois (a) Mais comme une haute naiffance eft auffi un pefant fardeau, parce que la grandeur des Ancêtres impofe la néceffité d'être grand, il eut le mérite de foutenir par fes vertus ce poids immenfe de gloire.

Le plus fage des Philofophes, Socrate crut avoir un génie qui veilloit auprés de lui. Ne pourroit-on pas dire que tous les grands Hommes en ont un qui les guide dans la route que leur a tracé la nature, qui tourne de ce côté toutes leurs fenfations, toutes leurs idées, tous leurs mouvemens, qui nourrit, échauffe, fait germer leurs talens, qui les entraîne, qui les fubjugue, qui prend fur eux un afcendant invincible, qui eft en un mot l'ame de leur ame ? C'eft ce qu'on put reconnoître dans MAURICE. Dés le berceau cette ame fiere & intrépide fembla s'élancer

vers

(a) Le Comte dè Saxe naquit le 19. Octobre 1696., de Fréderic-Augufte II., Electeur de Saxe, Roi de Pologne, & de la Comteffe de Konifmark, Suédoife, auffi célebre par efprit que par fa beauté.

vers les combats. A peine fa main put-elle
foutenir le poids d'une épée, qu'il renonça à
tout autre amufement qu'à l'exercice des armes.   Il dédaigna d'abaiffer la hauteur de fon
ame à l'étude de ces fciences plus curieufes
qu'utiles, dont la connoiffance ingrate & fri-
vole occupe l'oifiveté de l'enfance : & femblar
ble à ces anciens Romains, il parut d'abord
méprifer tous les Arts, excepté le grand Art
de vaincre.

La nature qui l'avoit deftiné à être un de
ces Hommes qui étonnent le monde, pour le
diftinguer en tout, lui avoit donné une force
de corps telle que les fiecles héroïques l'ad-
miroient dans leurs Hercules & leurs The-
fées ; avantages malheureufement trop rare
parmi nous, foit que l'efpece humaine alté-
rée dans fa fource, ait dégénéré d'âge en âge;
foit que notre luxe, nos mœurs corrompues,
nos alimens empoifonnés nous énervent &
nous amolliffent; foit que cet affoibliffement
ait pour principe la négligence & l'oubli des
exercices du corps, qui étoient fi fort en
honneur parmi les anciens ; foit que cet effet
pernicieux réfulte de l'affemblage & du con-
cours de toutes ces caufes.

Avec cette ame généreufe & ce corps ro-
bufte, MAURICE ne tarda point à jetter les
fondemens de fa réputation. Dès l'âge de

douze ans il fignala fa valeur naiffante. L'Europe dans une guerre fanglante, opiniâtre &
compliquée, difputoit alors à la France les
dépouilles de la Maifon d'Autriche, & la gloire de donner un Maître à l'Efpagne. Eugene
& Marlborough, fiers de l'honneur d'abaiffer
un Roi qui avoit été la terreur de l'Europe,
tantôt unis, tantôt féparés, fouvent vainqueurs, toujours redoutables, fecondoient
par la force de leur génie la jaloufie des Nations, prenoient des Villes, gagnoient des
Batailles, arrachoient de tous côtés les barrieres de la France, & donnoient à leur parti
la même fupériorité que les Condés & les Tu-
rennes avoient autrefois donnée à Louis.

Ce fut fous ces deux Hommes célebres que
MAURICE fit le noble apprentiffage de la
guerre (*a*) O révolution ! ô refforts fecrets &
cachés des Empires ! Ainfi les deux ennemis
les plus redoutables de la France donnerent
les premieres leçons de la victoire à celui qui
devoit un jour en être l'appui. Et les mains
qui ébranloient le Trône de Louis XIV, gui-
derent les premieres au combat le Héros qui

____

(*a*) En 1708. étoit en Flandre dans l'Armée des Alliés,
commandée par le Prince Eugene & par Marlborough. il fut
témoin de la prife de Lille en 1709. Il fe diftingua au fiége de
Tournay, ou il penfa périr deux fois. Il fe fignala au fiége
de Mons. Il fe trouva à la bataille de Malplaquet, & ce jeune enfant dit le foir qu'il étoit content de fa journée.

devoit

devoit affermir un jour le Trône de Louis XV. François, que ce fameux Curchill vainquit à la journée de Malplaquet, du moins en cédant à votre deſtinée, vos grands cœurs euſſent été conſolés de leur disgrace, ſi vous aviez ſu que dans cette armée de vos ennemis, ſur ce même champ de bataille combattoit un jeune Héros qui devoit un jour vous venger, & effacer la honte de votre défaite par une victoire célebre dans tous les ſiecles. ✶

Le ſentiment intérieur des forces de ſon ame, ſembloit apprendre à MAURICE que les grands Hommes ſeuls étoient capables de le former. Peut-être ce reſſort de la nature qui fait graviter les aſtres les uns vers les autres, agit-il auſſi ſur les grandes ames, & fait qu'elles s'attirent mutuellement dans leur ſphere.

Le Réformateur de ſon Empire, le Créateur de ſa Nation, le Légiſlateur du Nord, Pierre le Grand, rempliſſoit alors l'Europe & l'Aſie du bruit de ſon nom. Inſtruit par ſes défaites dans l'Art de vaincre, la profondeur & l'application de ſon génie l'avoient mis en état de donner des leçons à ſes vainqueurs. MAURICE attiré par la réputation de cet homme rare, vole au ſiége de Riga † pour admirer

A 5

rer

---

* Bataille de Fontenoy.　　† En 1710.

rer & pour apprendre à imiter le diſciple & le vainqueur de Charles XII.

Formé par tant de grands exemples, bien-tôt il eſt en état de combattre lui-même les Héros. Le Monarque de la Suede, célebre par ſes victoires, & plus encore par la ſingularité de ſes vertus, bravant les dangers comme les plaiſirs, prodigue de ſon ſang comme de ſes tréſors, fier d'avoir conquis & donné des Etats, égal dans la proſpérité, inflexible dans le malheur, toujours magnanime & au-deſſus de ſa fortune, vaincu & maître d'un Royaume épuiſé, mais redoutable encore à quatre Rois puiſſans, Charles XII. dont le nom ſeul valoit une armée, étoit ſorti de ſa retraite de Bender; & tout le Nord allarmé ſe réuniſſoit pour accabler ce lion à demi terras-ſé, avant qu'il eût pu reprendre ſes forces, MAURICE brigue avec empreſſement l'honneur de l'aller combattre, (c) Déja il ſe ſent digne
d'un

(c) Stralſund, la plus forte place de la Poméranie étoit aſſiegée par les Rois de Pologne, de Danemarck & de Pruſſe, & défendue par Charles XII. Le jeune Comte obtint la permiſſion de ſervir à ce ſiége parmi les Troupes Saxonnes. Il y montra la plus grande intrépidité. Le déſir de voir & de connoître Charles XII., le faiſoit s'expoſer dans les endroits les plus périlleux, parce qu'il penſoit que ce devoit être là le poſte du Roi de Suede. En effet il le vit & l'admira. Il conſerva ce ſentiment pendant toute ſa vie.
C'é-

d'un si grand ennemi. On eût dit que son ame à l'approche de Charles XII. eût reçu un nouveau dégré d'activité. L'image de ce Héros, le souvenir de ses trophées, la vive impression de sa gloire poursuivoit par-tout le génie de MAURICE, le reveilloit dans le repos, l'animoit dans les combats, le soutenoit dans les fatigues, le guidoit au milieu des dangers. C'étoit à une ame telle que la sienne à connoître & à admirer Charles XII. Il ne peut le voir que sur la brêche ou dans un champ de battaille ; c'est là qu'il le cherche des yeux ; l'ardeur de la mêlée lui apprend où il doit le trouver : il y vole ; il l'approche, s'arrête & l'admire. Il ne vit point autour de lui la pompe & la majesté du Trône ; mais il y vit la valeur ; l'intrépidité, la grandeur d'ame, des Etats conquis & neuf années de victoires. Ce grand spectacle inspira au jeune MAURICE pour le Héros Suédois une vénération profonde qui le suivit jusque dans le tombeau.

Passionné pour la gloire, avide de s'instruire, par-tout où il peut vaincre, c'est là sa Patrie. Il devient encore une fois le disciple d'Eu-

---

C'étoit la seconde fois qu'il combattoit à Stralsund. En 1711. il avoit suivi devant cette place le Roi son Pere, il avoit passé la riviere à la nage, à la vue des ennemis, & le pistolet à la main.

d'Eugene. Ce grand Homme affermiſſoit les barrieres de l'Empire contre ce Peuple obſcur dans ſa ſource, mais redoutable dans ſes pro‑grés, ennemi des Chrétiens, par Religion comme par Politique; qui ſorti des marais de la Scytie, a inondé l'Aſie & l'Afrique, ſub‑jugué la Grece, fait trembler l'Italie & l'Al‑lemagne, mis le ſiége devant la Capitale de l'Autriche, & dont les débordemens peut-être auroient des longtemps englouti l'Europe, ſi la diſcipline & l'Art de la Guerre ne de‑voient avoir néceſſairement l'avantage ſur la férocité courageuſe. MAURICE étudia contre ces nouveaux ennemis l'Art de prendre les Villes, & de gagner les batailles. (*d*)

Il eſt des Guerriers qui ne ſont que bra‑ves, qui ne ſavent qu'affronter la mort, auſſi incapables de commander aux autres qu'à eux-mêmes, ſemblables à ces animaux belli‑queux, fiers & intrépides au milieu des com‑bats, mais qui ont beſoin d'être conduits, & dont l'ardeur doit être ſans ceſſe retenue ou guidée par le frein. Comme MAURICE ſentoit en lui-même cette ſuperiorité qui donne le

droit

(*d*) En 1717. il ſe rendit en Hongrie, ou l'Empereur avoít contre les Turcs une Armée de 150000. hommes ſous les or‑dres du Prince Eugene. Il ſe trouva au ſiége de Belgrade & à une bataille ſanglante que le Prince Eugene gagna ſur les Turcs.

droit de commander aux hommes, dans le temps qu'il combattoit en soldat; il obfervoit en Philofophe. Un champ de bataille étoit pour lui une école, où parmi le feu, le carnage, le bruit des armes, le tumulte des combattans, tandis que la foule des Guerriers ne penfoit qu'à donner ou à éviter la mort, fon ame tranquille embraffant tous les grands objets qui étoient fous fes yeux, étudioit l'Art de faire mouvoir tous ces vaftes corps, d'établir un concert & une harmonie de mouvement entre cent mille bras, de combiner tous les refforts qui doivent concourir enfemble, de calculer l'activité des forces & le temps de l'exécution, d'ôter à la fortune fon afcendant & de l'enchaîner par la prudence, de s'emparer des poftes & de les défendre, de profiter de fon terrein & d'ôter à l'ennemi l'avantage du fien, de ne fe laiffer ni étonner par le danger, ni enivrer par le fuccés, de voir en même temps & le mal & le remede, de favoir avancer, reculer, changer fon plan, prendre fon parti fur un coup d'œil, de faifir avec tranquillité ces inftans rapides qui décident des victoires, de mettre à profit toutes les fautes & de n'en faire foi même aucunes, ou ce qui eft plus grand, de les réparer, d'en impofer à l'ennemi jufque dans fa retraite, & ce qui eft le comble de l'Art,

de

de tirer tout l'avantage qu'on peut tirer de sa victoire, ou de rendre inutile celle de son ennemi. Telles étoient les leçons sublimes qu'Eugene donnoit à MAURICE. L'un méritoit la gloire de les donner, l'autre celle de les recevoir ; & ces deux Hommes étoient également dignes l'un de l'autre.

Bientôt une Paix profonde succéda aux troubles de la Guerre. (*e*) Alors d'un bout de l'Europe à l'autre les Nations furent tranquilles, & les calamités du genre humain dans ce beau climat toujours désolé, furent au moins suspendues pour quelque temps. MAURICE qui ne pouvoit exercer sa valeur dans les combats, ne perdit point de vûe ce grand Art pour lequel la nature l'avoit formé. Il savoit qu'outre la discipline des camps, & cette Ecole guerriere où l'on apprend à combattre & à vaincre par sa propre expérience, il est une autre maniere de s'instruire dans le silence de la retraite, par l'étude & par les réflexions. En effet depuis la révolution qu'a produite en Europe l'invention

de

(e) Le Traité d'Utrecht avoit terminé la guerre pour la succession d'Espagne, & calmé les orages du Midi. La omrt de Charles XII. avoit pacifié le Nord, & les victoires du Prince Eugene, en abbattant les forces de l'Empire Ottoman, procurerent à l'Allemagne la paix de Passarovitz.

de la Poudre, & sur-tout depuis que la Philo-
sophie née pour consoler les hommes, & pour
les rendre heureux, a été forcée de leur prê-
ter ses lumieres pour leur apprendre à se dé-
truire, l'Art de la Guerre forme une science
aussi vaste que compliquée, composée de l'as-
semblage d'un grand nombre de sciences réu-
nies & enchaînées l'une à l'autre, qui se prê-
tent un appui mutuel, & dont on ne peut
détacher un seul anneau sans que la chaîne
soit interrompue.

MAURICE jetta ses regards sur tous les Peuples de l'Europe, pour en trouver un qui fût
digne de l'instruire; & son choix se fixa sur
la France. Cet ascendant de réputation & de
gloire que Louis XIV., Colbert & les Arts lui
avoient donné, & que dix années d'orages &
de malheurs n'avoient pu lui faire perdre,
se conservoit encore sous la Régence d'un
Prince qui cultivoit, honoroit, jugeoit tous
les Arts, savoit connoître les hommes, & à
qui il n'a manqué dans ses grandes vûes, que
de savoir s'arrêter avant le point où commen-
ce l'excés.

La réputation de MAURICE l'avoit devan-
cé à la Cour de Versailles. Le génie de Philippe
connut bientôt qu'il la méritoit, & qu'il la
surpasseroit un jour. MAURICE fut donc at-
taché

taché à la France par un grade (*f*) qui excita la jaloufie des Courtifans : mais ils ne voyoient en lui qu'un jeune Etranger, ami des plaifirs, & le grand Homme leur échappoit. Philippe jugea MAURICE en Homme d'Etat: & MAURICE juftifia Philippe.

Dès-lors il fe confacra tout entier à l'étude de ces Sciences férieufes & profondes qui font devenues les compagnes & les miniftres de la guerre. L'Art d'Euclide lui apprit à connoître les propriétes générales de l'étendue figurée, à calculer les rapports de fes differentes parties, & lui donna cet efprit de combinaifon qui eft le fondement de tous les Arts où l'imagination ne domine pas, auffi néceffaire au Général qu'à l'Aftronome, & qui a formê Turenne & Vauban, comme Archimede & Neuton. L'Art du Génie le ramenant de ce monde intellectuel dans le monde Phyfique, lui apprit à faire ufage de ces notions abftraites, en les appliquant aux

Для-

(*f*) Ce fut en 1720. qu'il fit fon premier voyage à Paris. Il avoit eû de tout temps beaucoup d'inclination pour les François. Ce goût fembla naître en lui avec le goût de la guerre. La Langue Françoife fut même la feule Langue étrangere qu' il voulut apprendre dans fon enfance. Le Duc d'Orleans lui fit un accueil très-flatteur, & pour le fixer en France, lui fit expédier un brevet de Maréchal de Camp. Il eft daté du 7. Août 1720.

Fortifications, à l'attaque & à la défense des Places : & pour la gloire de MAURICE, il suffit de dire qu'il eut des vûes qui avoient échappé à Vauban & à * Cohorn. L'Art qui enseigne les propriétés du mouvement, qui mesure les temps & les espaces, qui calcule les vîtesses, qui fixe les loix de la pesanteur, qui commande aux Elémens dont il assujettit les forces, exerça aussi ce génie ardent & (g) facile. A ces études il joignit celle de l'Histoire. Guidé dans ce labyrinthe immense par l'exacte connoissance des lieux, il observoit, étudioit & jugeoit les grands Hommes. Laissant les dates aux compilateurs, & les détails qui ne sont que curieux, aux esprits oisifs & frivoles, à travers l'étendue immen-

B   se

---

* Cohorn est le Vauban des Hollandois.

(g) Le Comte de Saxe fixé à Paris en 1722. , employa tout le tems que dura la paix, à étudier les Mathématiques, le Génie, les Fortifications & les Méchaniques, Il avoit un talent naturel & décidé pour toutes ces Sciences abstraites. Avant d'appliquer ces connoissances à la guerre, il les consacra à servir sa nouvelle Patrie par un de ces ouvrages dont le projet seul fait honneur à un Citoyen, & dont la gloire doit être indépendante du succés, puis-qu'ils ont pour but l'utilité publique. C'étoit une machine qu'il inventa pour faire remonter les bateaux de Rouen à Paris, sans le secours des chevaux. Il fut obligé d'abbandonner cette entreprise aprés y avoir dépensé des sommes immenses. Il contribua beaucoup à la perfection d'une autre machine qui ser à Paris , & par le moyen de laquelle on remonte les bateaux depuis le Pont-Royal jusque dans le bassin.

se des siecles & des lieux, il ramassoit de toute part les traits de lumiere qui pouvoient l'éclairer, & s'instruisoit par les grands exemples comme par les fautes des Hommes célebres. Ses propres réfléxions contribuerent encore à le former, & il joignit ses lumieres à celles de tous les siecles. Malheur à qui n'a jamais pensé par lui-même ! Quelque talent qu'il ait reçu de la nature, il ne sera jamais au premier rang des Hommes. MAURICE plein de cette hardiesse qu'inspire le génie, écartoit la barriere du préjugé pour reculer les limites de son Art, après avoir trouvé le bien, cherchoit le mieux, parcouroit tous les possibles, s'élançoit au-delà du cercle étroit des événémens passés, & suppléant à la nature, créoit des combinaisons nouvelles, imaginoit des dangers pour trouver les ressources, étudioit sur-tout la science de fixer la valeur incertaine & variable du soldat, & de lui donner le plus grand degré d'activité possible, science la plus profonde, la plus inconnue & la plus nécessaire.

Que ne puis-je élever ici ma voix, & la faire entendre à tous ceux qui se consacrent à la défense de la Patrie, à vous surtout qui appellés par votre rang aux premiers honneurs de la guerre, consumez pendant la paix des jours inutiles dans le néant de l'indolence, ou dans les fatigues de la volupté ! Guerriers, vous

por-

portez un nom illuſtre, vous étes braves, la nature vous donna des talens, peut-être même du génie; mais ces qualités ne ſuffiſent point encore. Imitez MAURICE dans ſes études: ce n'eſt qu'à ce prix que vous pouvez prétendre à l'égaler dans ſes travaux. (*b*)

B 2   Tan-

(*b*) On ſe croit obligé d'avertir que dans tout ce détail, on parle moins en Orateur, qu'en Hiſtorien. Les Eloges des grands Hommes ne doivent être fondés que ſur les faits. Le Comte de Saxe fit l'étude la plus profonde de la Guerre. Le délaſſement de tant de travaux étoit un amuſement guerrier. L'Art d'exercer les Troupes, cet Art qui en augmentant la ſoupleſſe du Soldat, fait que l'ordre ſe joint à la rapidité des évolutions, & que les bataillons paroiſſent de vaſtes machines qui n'ont qu'un même reſſort & un même mouvement; cet Art qui a ſi ſouvent décidé de la perte ou du gain des batailles, avoit preſqu'au ſortir de l'enfance, fixé l'attention du Comte de Saxe. Dés l'âge de 16. ans, il avoit inventé un nouvel exercice & l'avoit fait exécuter en Saxe avec le plus grand ſuccés. En 1722., ayant obtenu un Régiment en France, tous les jours il prenoit plaiſir à le former & à l'exercer lui-même ſelon ſa nouvelle méthode; & ce fut peut-être ſon exemple qui réveilla l'attention du Gouvernement ſur cette partie de la Guerre, trop négligée juſqu'alors parmi nous, & perfectionnée en Pruſſe par 50. ans d'application & de ſoins. Le Chevalier Follard qui a paſſé ſa vie à étudier la Guerre, & à en donner des leçons, eſtimoit beaucoup la nouvelle Tractique inventée par le Comte de Saxe. Voici comment il s'exprime lui-même dans ſes Commentaires ſur Polybe, tom. 3. liv. 2. ch. 14. § 4. Aprés avoir parlé de l'utilité de pluſieurs exercices, il ajoute: *Ce que je vient de dire eſt excellent; mais il faut encore exercer les Troupes à tirer ſelon la nouvelle méthode que le Comte de Saxe a introduite dans ſon Régiment: méthode dont je fait grand cas, ainſi que de ſon inven-*
tent

Tandis que la France formoit ce Héros,
elle fut menacée de le perdre. *(i)* Cette
Ré-

---

teur, qui est un des beaux génies pour la guerre que j'aie con-
nu. L'on verra à la premiere Guerre que je ne me trompe
point dans ce que je pense. Je remarquerai ici à la gloire
du Chevalier Follard, que c'étoit en 1728. qu'il portoit
ce jugement sur le Comte de Saxe.

(i) La Curlande, ancien Duché qui avoit autrefois
appartenu à l'Ordre Teutonique, formoit un Etat Souverain, mais indépendant. Elle avoit subi le fort des petits
Etats qui font environnés de Nations puissantes. N'ayant
point assez de forces pour être oppresseurs, ils employent
la politique pour n'être point opprimés, & se donnent
un Protecteur pour n'avoir point de Maître. La Curlande étoit donc fous la protection de la Pologne. Cette République avoit formé le projet d'éteindre la souve-
raineté de ce Duché, & de le réunir à fes Etats à la mort
de Ferdinand, Prince qui avoit l'esprit aussi foible que
le corps. Les Curlandois allarmés & jaloux d'être libres
réfolurent de faire échouer le projet de la Pologne, en
réglant la succession éventuelle de Ferdinand. Il leur fal-
loit un Prince dont la réputation justifiât leur choix,
qui eût assez de fermeté pour ofer les soutenir, & assez
de génie pour les défendre. Ils jetterent les yeux sur le
Comte de Saxe déja très-fameux dans le Nord. Il fut
légitimement élu Duc Souverain de Curlande le 5. Juillet
1726. Aussitôt il se forma contre lui un violent orage en
Pologne. D'un autre côté la Russie, qui etoit trop puis-
fante pour ne point avoir aussi quelques droits à réclamer
fur la Curlande, fut indignée que ce Peuple osât se croire libre, & n'eût point été à Petersbourg se prosterner aux
pieds du Trône pour y demander un Maître. La Czarine
vouloit faire tomber ce Duché sur la tête de Menzicoff, cet
heureux avanturier qui de garçon patissier, devenu Général
& Prince, avoit encore l'ambition d'être Souverain. Ce rival du Comte de Saxe, pour se délivrer d'un concurrent

République du Nord , composée d'un Roi
dépendant, d'une Noblesse guerriere & d'un
B 3 Peu-

---

si redoutable, résolut de le faire enlever. Il envoya à
Mittaw 800. Russes qui investirent le Palais du Comte &
l'y assiégerent. Le Comte qui n'avoit que 60. hommes s'y
défendit avec le plus grand courage. Le siege fut levé &
les Russes obligés de se retirer. Cependant en Pologne
on s'assemble: on cabale, on tient des dietes, on porte des
décrets. Le Comte de Saxe est sommé de comparoitre &
de rapporter le Diplôme de son élection. Il n'obéit point
& sa tète est mise à prix. Il amasse de l'argent, leve des
Troupes, parle à ses Peuples en Souverain , & s'apprète
à les défendre en Hèros. Il fait plusieurs voyages à Dres-
de, à Leipsik. Il ne craint ni la Russie, ni la Pologne, ni
les assassins mercénaires que la proscription armoit contre
lui. Il envoye des Ministres à Vienne, à Berlin, à Lon-
dres, pour solliciter des secours. Il se retire avec ses Troupes dans l'Isle d'Usmaiz, & ordonne à tous ses Partisans
de l'y venir joindre. Les Russes forment le projet de le forcer dans cette retraite. Le Comte de Saxe n'avoit que 300
hommes, & ses retranchemens n'étoient point achevés.
Le Général Russe qui avoit 4000 hommes , voulut joindre
la perfidie à la force , & le surprendre dans une entrevue.
Le Comte fut instruit de ce Complot , le fit rougir de sa
lâcheté , & rompit la conférence. Cependant comme il n'
avoit point assez de forces , il fut obligé d'abandonner cette
Isle. Pendant ce temps-là, des Commissaires de la Polo-
ne étoient arrivés dans la Capitale de la Curlande, où ces
Protecteurs orgueilleux agissoient en maitres , faisoient ju-
ger les amis du Comte de Saxe , cassoient son election , &
régloient d'un ton despotique la forme de gouvernement d'
un peuple libre. Le Comte de Saxe trop foible pour défendre contre la Russie & la Pologne ses droits & ses Sujets opprimés, fit des protestations, unique ressource dans le
malheur, & attendit une circonstance favorable. Elle se
présenta en 1736. Le Duc Ferdinand mourut cette année-là.
Le Duché sembloit appartenir de droit au Comte de Saxe.
Mais l'Imperatrice de Russie eut le crédit de faire élire le
Com-

Peuple efclave , & ce vafte Empire qui d'un côté touche à la Pologne , & de l'autre aux frontieres de la Chine , fe difputoient le droit de protéger , c'eft-à-dire d'affervir la Curlande. Cet Etat foible , mais libre , qui avoit befoin d'un grand Homme pour conferver fon indépendance , élut MAURICE pour Souverain. A peine cet honneur dangereux fut-il remis entre fes mains , qu'il eut à foutenir les efforts de ces deux Peuples rivaux d'intérêt , mais fes communs ennemis. On le vit braver en même temps & les dêcrets orgueilleux de la Pologne , & les armes de la Ruffie , négocier tour-à-tour & combattre , demêler les pieges que lui tendoit la perfidie. & foutenir un fiege dans fon Palais. S'il fut obligé de céder enfin aux deux Puiffances les plus

re-

Comte Biron, qui étoit alors auprés d'elle dans la plus haute faveur & la force l'emporta encore fur la juftice. La Czarine mourut en 1740. , & fa mort entraîna la chute de fon favori. Il fut arrêté. Son crime étoit d'être étranger & trop puiffant. Jugé & condamné, il fut tranfporté dans les deferts de la Sibérie où on lui permit de vivre. Cet événement ranima les efpérances du Comte de Saxe ; mais elles furent encore trompées. Le nouveau choix de la Curlande déterminé par l'influence des Etats les plus puiffans. tomba fur le Prince Louis de Brunsvik. Une nouvelle proteftation du Comte de Saxe annonça à l'Europe la juftice & l'inutilité de fes prètentions ; & il fut réduit à groffir la foule des Princes, que les paffions des hommes ont dépouillés de leurs droits légitimes.

redoutables du Nord, du moins il ne manqua point à fa fortune, & fit voir à fes Peuples qu'il étoit digne d'être leur Souverain. Cette difgrace, fi c'en eft une que d'être déchargé du fardeau de gouverner les hommes, l'attacha de plus en plus à la France.

Ce fut dans ces circonftances (*k*) qu'il rédigea par écrit fes Obfervations fur l'Art Militaire, Ouvrage digne de Céfar ou de Condé, écrit de ce ftyle mâle & rapide, qui caracterifé un Guerrier, plein de vûes profondes & de nouveautés hardies, où il juge la coutume avant de l'adopter, laiffe les ufages pour examiner les principes, ofe créer des regles où il n'y en a point eu jufqu'alors, donne des préceptes pour le Général comme pour le Soldat, s'éleve jufqu'au fublime de l'Art & defcend dans les détails, partie la plus pénible pour le Génie, parce qu'il eft obligé de ralentir fa marche rapide qui tend au grand dès le premier effor.

Le fruit de tant de travaux & de réflexions devoit enfin paroître. La mort du Roi de

B 4

Po-

(*k*) Il compofa en 1722. l'ouvrage qui porte pour titre *Mes Rêveries*. Une anecdote finguliere & qu'on aura peine à croire, c'eft qu'il étoit malade & avoit la fievre lorfqu'il le fit. L'ouvrage fut compofé en treize nuits. Il le retoucha & y fit des augmentations aprés la paix de 1736.

Pologne troubla une Paix de vingt ans; &
l'ambition de lui fuccéder arma deux Concur-
rens, entre lefquels les Nations fe partage-
rent. Ainfi le droit d'élire fes Rois, le plus
beau privilege des Peuples, & qui conferve
feul aujourd'hui une foible image de la liberté primitive des hommes, eft devenu pour
le genre humain une fource féconde de di-
vifions & de malheurs. Augufte avoit pour
lui la protection de l'Empereur & les armes
de la Ruffie, Stanislas les armes de LOUIS.
MAURICE apprit alors à l'Europe qu'il avoit
choifi la France pour fa Patrie.   On le vit
facrifier les intérets du fang & le nom de frere à fon attachement pour LOUIS, & préfe-
rer la gloire de fervir fous les François, à
celle de commander les Troupes belliqueufes
de la Saxe. (1)

Déja les parties les plus importantes & les
plus difficiles de l'Art de la Guerre lui font
confiées. Barwik le charge de paffer le Rhin;
& l'habileté avec laquelle il conduit ce projet, juftifie le choix qu'on a fait de lui. Que
n'ai-

----

(1) L'Electeur de Saxe au commencement de cette guerre offrit au Comte fon frere le Commandement général de
toutes fes Troupes.   Celui-ci aima mieux fervir en France
en qualité de Maréchal de Camp, & fe rendit fur le Rhin à l'
Armée de M. de Barwick.

n'ai-je la plume de cet Homme éloquent *
qui s'eſt élevé au-deſſus de lui même en célé-
brant Turenne,ou de cet Orateur ** plus ſubli-
me encore, dont le génie s'eſt trouvé de ni-
veau avec l'ame du grand Condé ! Je trace-
rois le tableau de ce que MAURICE a fait de
grand dans les champs de l'Allemagne. Vous
le verriez cherchant les dangers avec le même empreſſement que les autres cherchent
les plaiſirs, (*m*)montant la tranchée, livrant
des aſſauts , enlevant des convois, forçant
des retranchemens , décidant par ſa valeur du
gain des batailles , donnant l'ordre en Général & l'exemple en ſoldat, toujours actif,
toujours infatigable, adoré des troupes, re-

B 5   dou-

---

* Fléchier.   ** Bouſſuet.
(*m*)Le 23. Octobre 1733., aprés le paſſage du Rhin, il
monte à la tranchée au Fort de Kehl, & a un Capitaine tué
à côté de lui. En 1734. au commencement de la Campagne, à la tête de deux cents Dragons, il ſe rend maître d'un
convoi gardé par 1200. hommes. Le 27. Avril il ſe trouve
à deux aſſauts qui ſe livrent le même jour à la Ville de Trar-
bak dans le Palatinat. Au ſecond aſſaut il voit ſept Grenadiers tomber autour de lui. A Etlinghen, à la tête d'un dé-
tachement de Grenadiers , il pénetre dans les lignes des
ennemis , en fait un grand carnage , & décide la victoire.
Au ſiege de Philisbourg , fameux par ſa difficulté & par la
mort du Maréchal de Berwik, il eſt chargé d'un très-grand
nombre d'attaques , qu'il exécute avec autant de ſuccés que
d'intrépidité. Ce fut immédiatement aprés ce ſiege qu'il
fut nommé Lieutenant-Général. L'acte par lequel le Roi
lui donne cette dignité, eſt du premier Août 1734.

douté des ennemis, respecté des Généraux, estimé lui seul plus que des bataillons entiers. *

C'est par ces emplois qu'il parvint au grade de Lieutenant-Général. Il ne le dut point à ces manœuvres sourdes, à ces intrigues obscures qui avilissent les honneurs, & peut-être celui qui les obtient. Il laissa ces moyens honteux à ceux qui joignent la bassesse à l'orgueil. Tandis que d'indignes rivaux formoient des complots contre lui, il traçoit des plans de campagne : il ne fit sa cour que sur les champs de bataille : ses Partisans furent les soldats qu'il commandoit, les ennemis qu'il avoit vaincus ; la Gloire fut sa protectrice.

Il ne lui manquoit que de trouver un rival digne de lui. La fortune lui en oppose un. C'est Eugene. (*n*) Déja il menace de passer le Rhin, de porter la désolation dans la France. O Prince qui étois né pour être l'amour

&

---

* Le Maréchal de Berwick sur le point d'attaquer les ennemis à Etlinghen, voit arriver le Comte de Saxe dans son camp. Comte, lui dit-il aussi-tôt, j'allois faire venir trois mille hommes ; mais vous me valez seul ce renfort.

(*n*) En 1733. le Prince Eugene qui commandoit l'Armée Impériale, avoit formé le projet de passer le Rhin à Manhein, & de pénétrer dans le Pays Messin. Le Maréchal de Coigñy détacha le Comte de Saxe pour arrêter les Imperiaux. Le Comte choisit un poste si avantageux, que le Prince Eugene, quoique très-supérieur en forces, n'osa jamais hasarder ce passage.

& le vengeur d'un pays dont tu as été la terreur, nous ne redoutons plus ton fatal génie ! Villars nous a appris à Denain que tu
pouvois être vaincu, & toi-même tu as pris
foin de nous former un Héros capable
de te combattre. En effet MA'URICE
fuppléant au petit nombre des troupes par l'art
de fe pofter, fut en impofer à ce redoutable ennemi, garder le paffage du Rhin, &
couvrir nos frontieres. Eugene reconnut &
admira fon difciple, il s'avoua vaincu dans
fon Art: & le Succeffeur de LOUIS XIV. connut alors qu'il avoit auffi fon Turenne.

Les victoires de la France & la modération
de deux Rois, procurerent bientôt à l'Europe cette Paix où (o) l'on vit un Souverain
légitimement élu, facrifier fes droits au repos
des Nations. Ne croyons pas que MAURICE
s'endormit alors au fein de la Gloire, & s'i-
magina ne pouvoir plus rien ajouter à fes lumieres. C'eft le vice de la médiocrité ; elle
regarde le cercle étroit qui borne fa vûe,
comme la mefure de toute l'étendue poffible.

Le

(o) Par la Paix de 1736. Stanislas Leczinski, Beau-Pere
de Louis XV., élu deux fois Roi de Pologne, l'une en 1704.
l'autre en 1733. renonça à ce Royaume, en gardant le titre
de Roi. Le Duché de Lorraine & de Bar lui fut donné en dé-
dommagement ; & François Duc de Lorraine, gendre de l'
Empereur, eut en échange le grand Duché de Tofcane.

Le génie découvre encore des espaces immenses, où l'esprit des hommes vulgaires croit que tout finit. Celui qui avoit donné en Allemagne de si belles leçons sur l'Art Militaire, en prend lui-même de tous les Ecrivains (p) célebres qui ont approfondi cet Art. Ainsi l'Orateur de Rome, aprés avoir étonné de son éloquence la capitale du Monde, alla encore chercher des Maîtres dans les Ecoles de l'Asie.

La

____

(p) Le Comte de Saxe avoit connu en 1731. le Chevalier Follard, & c'étoit lié avec lui. Cet Officierr passionné des son enfance pour l'art de la guerre, avoit passé sa vie à combattre & à méditer. C'étoit un Guerrier plein de vûes, qui joignoit la méthode à la hardiesse des idées. C'est aux maîtres de l'art à décider s'il eut raison de vouloir appliquer à tous les lieux & à toutes les circonstances son sistême de la Colonne, & de rapporter tout à cet objet. Il a laissé dans un commentaire sur Polybe le vaste dépôt de ses connoissances & de ses reflexions. Ces deux hommes que le même goût, ou plutôt la même passion avoit unis, tenoient tous les jours ensemble des conférences de deux ou trois heures, où ils se communiquoient leurs idées sur les opérations militaires. Ce fut dans le même temps que le Comte de Saxe étudia tous les Auteurs anciens qui ont traité de la Guerre. Il lut Polybé en entier. Il avoit un goût particulier pour un Auteur peu connu, & qui cependant mérite de l'être. C'est Onozander qui vivoit sous les Empereurs Romains. Il a fait un ouvrage sur la maniere de conduire les Armées. Le Comte de Saxe l'avoit souvent à la main, & le portoit toujours avec lui. Nous n'en avons jusqu'ici qu'une traduction en vieux style. On nous en promet une nouvelle de M. le Baron de Surlauben, Membre de l'Académie Royale des Inscriptions, & Auteur de l'Histoire Militaire des Suisses.

La mort de Charles VI. ne tarda pas à replonger l'Europe dans les diſſenſions dont elle commençoit à peine à ſortir. Telle eſt l'influence des Rois ſur la deſtinée du Monde. Ils le gouvernent pendant leur vie, & l'ébranlent encore aprés leur mort. Dans l'eſpace de quarante ans la mort de trois Princes a excité trois guerres ſanglantes. La Pruſſe, la Baviere & la Saxe diſputerent à la Fille de Charles VI. l'héritage des vaſtes Etats de ſon Pere. La France animée contre l'Autriche par cette ancienne rivalité que rien encore n'avoit pu éteindre, & que le préjugé des Nations regardoit depuis deux cents ans comme néceſſaire à la balance de l'Europe, joignit ſes armes à celles de la Baviere. La Bôheme devint le théatre de la guerre & des exploitss de MAURICE.

Déja, malgré les rigueurs de la ſaiſon, Prague eſt aſſiégée par l'Electeur, & la fortune de ce ſiege eſt confiée au Héros de la Saxe. (q) Tout ſemble conſpirer contre le ſuc-

____

(q) Prague fut aſſiégée à la fin de Novembre en 1741. L'Electeur de Baviere, depuis Empereur ſous le nom de Charles VII., confia au Comte de Saxe les opérations du ſiege. La grandeur immenſe de cette Capitale, le grand nombre des Troupes qui formoient la garniſon, le défaut de vivres dans le camp, les rigueurs exceſſives de la ſaiſon, & plus

que

fuccés de l'entreprife. MAURICE voit les obftacles, & il eft le feul qui n'en eft pas effrayé. Son génie lui répond de la fortune. Il forme un projet dont la hardieffe étonneroit tout autre que lui. L'ennemi approche; dans la même nuit la tranchée s'ouvre; la Ville eft prife; l'ennemi peut à peine le croire; & la France applaudit à un fuccés quelle n'ofoit efpérer. Cette conquête eft bientôt fuivie d'une autre auffi importante, & peut-être plus difficile. (r) Egra fuccombe. La conquê-

---

que tout cela, l'approche d'une Armée de 3000. hommes qui voloit à fon fecours, & qui n'étoit plus qu'à cinq lieues, tout cela faifoit craindre beaucoup pour le fuccés. Le Comte de Saxe réfolut de prévenir l'arrivée des ennemis, & d'emporter la Ville par efcalade. Il confia fon projet à un Officier digne de le feconder; c'étoit M. de Chevert, alors Lieutenant-Colonel, aujourd'hui Lieutenant-Général. Le 15. Novembre la tranchée fut ouverte, & la même nuit Prague fut emportée d'affaut.

(r) La conquête d'Egra étoit d'autant plus importante, que les Ennemis y avoient tous leurs magafins. Cette Ville étoit fi forte, que le Prince Charles crut qu'il n'étoit pas néceffaire d'y jetter du fecours. Elle fut inveftie par le Comte de Saxe le 2. Avril 1742. Une garnifon nombreufe, un Chef habile, l'abondance de tout ce qui fait le nerf & le reffort de cet Art ingénieux, & favant inventé par les Modernes pour défendre les Places, ne purent empêcher qu'elle ne fût prife après quelques jours de tranchée ouverte. Cette conquête fit beaucoup de bruit dans l'Europe, & caufa la plus grande joie à l'Empereur Charles VII. qui écrivit de fa propre main au Comte de Saxe pour l'en féliciter.

quête de la Bohême eſt aſſurée ; & la communication avec la Baviere, conſervée libre. Dès ce moment les Nations eurent les yeux fixés ſur MAURICE, & le regarderent comme un de ces Hommes néceſſaires au deſtin des Empires, faits pour ébranler ou pour ſoutenir les Etats.

Une révolution rapide changea bientôt la face des affaires de l'Allemagne, & la guérre fut reportée du fond de l'Autriche aux bords du Rhin. L'Alſace & la Lorraine ſont ſauvées une ſeconde fois par MAURICE. L'embraſement de la guerre s'étend & ſe communique. La haine de l'Angleterre & l'ambition intéreſſée de la Sardaigne ſecondent la politique de l'Autriche. La France voit ſans s'allarmer groſſir le nombre de ſes ennemis: elle a MAURICE pour défenſeur. Déja il a obtenu les deux récompenſes les plus flatteuſes de ſes grandes actions, la confiance de ſon Roi & le ſceptre des Guerriers. * Cet honneur accordé à MAURICE devoit être utile à la France. En effet ſi le droit de commander en Chef eſt un dépôt dangereux dans des mains foibles, on peut dire qu'il eſt auſſi néceſſaire que juſte dans un grand Homme. Pour qu'il puiſſe agir, il faut lui ôter toutes ſes

en-

---

* Il fut fait Maréchal de France le 26. Mai 1744.

entraves : & trop souvent l'on a vu le génie dépendant échouer dans ses projets, ou arrêté dans sa course par l'autorité timide ou peu éclairée.

La Nation & l'Europe se souviennent que LOUIS alla lui-même en Flandre se mettre à la tête de ses troupes qui combattoient pour sa querelle, & que MAURICE merita la gloire de servir la fortune de LOUIS. Tandis que l'un par ses conquêtes rapides faisoit reconnoître en Flandre l'arriere-petit-Fils de LOUIS XIV. *, l'autre par une inaction savante & mesurée contenoit l'ennemi au-de là de l'Escaut, couvroit le siege des Villes, & opposoit aux Alliés un rampart impénétrable.

Ces succés brillans sont troublés par des revers. Le Rhin n'est plus défendu par MAURICE, & les ennemis ont passé ce fleuve. LOUIS plus grand par son humanité que par ses conquêtes, vole en Alsace au secours de ses sujets. Un coup plus terrible menace l'Etat : LOUIS est prêt à expirer. Du Rhin aux deux Mers & des Alpes à l'Escaut, ce n'est que douleur, que gémissemens, que cris lugubres. Je crois voir une famille immense pleurer autour du lit funebre de son

pe-

---

* Prise d'Ipres, de Furnes & de Menin, par Louis XV.

pere, tandis que des ennemis ardens profitent de ce moment fatal pour venir arracher les dépouilles de ces enfans malheureux. Les Alliés s'avancent en Flandre à la tête d'une Armée formidable ; & nous n'avons à leur opposer que des troupes affoiblies, découragées & inférieures en nombre Le desespoir est au-dedans ; la crainte au-dehors. O ma Patrie, quels dangers t'environnent ! ô fortune de la France, sur qui maintenant vas-tu t'appuyer ? MAURICE te reste : c'est lui qui sera ton soutien : c'est lui qui à la tête de quarante mille hommes en arrête soixante & dix mille.

* Ménager les forces de l'Etat & soutenir sa réputation ; couvrir nos conquêtes passées & empêcher les ennemis d'en faire aucunes ; se tenir près d'eux pour éclairer leur conduite, & se placer dans des postes où ils ne peuvent le forcer à combattre ; observer tous leurs projets & leur dérober les siens ; pénétrer par les mouvemens qu'il voit, ceux qui lui sont cachés ; ne laisser jamais échapper ni un moment favorable, ni un poste avantageux ; joindre la hardiesse

C

---

* Fameuse Campagne de Courtrai.

dieſſe à la précaution ; agir tantôt par des réflexions profondes, & tantôt par ces illuminations ſoudaines qui ſont les élancemens du génie ; avoir de la vivacité ſans précipitation, & du ſang froid ſans lenteur ; enfin éviter les batailles qui décident trop rapidement du deſtin des Etats, & faire la guerre ſan rien donner au hazard ; tel eſt le grand Art que MAURICE déploye dans cette Campagne, où il fit connoître au monde la ſupériorité que le génie a ſur la force, Campagne égale à celle de Fabius en Italie, & de Turenne en Allemagne, & qui un jour ſervira elle-même de leçon à la poſtérité.

Cependant le nombre de nos ennemis augmente encore. (s) Ce Peuple actif, commerçant & laborieux, reſpectable par ſa liberté, puiſſant par ſes richeſſes, vainqueur de la Mer qu'il a ſu aſſervir par ſes flottes

&

(s) Dans l'hiver de 1745. il ſe conclut un Traité d'union à Varſovie, entre la Reine de Hongrie, le Roi d'Angleterre l'Electeur de Saxe, & la Hollande. L'Ambaſſadeur des Etats-Généraux ayant rencontré le Maréchal de Saxe dans la Galerie de verſailles, lui demanda ce qu'il penſoit de ce Traité. *Cela eſt fort indifférent à la France*, reptit le Maréchal ; *mais ſi le Roi mon Maître veut me donner carte-Blanche, j'en irai lire l'original à la Haye, avant que l'année ſoit paſſée.*

& dompter par ses digues, emporté par le tourbillon qui agite l'Europe, s'arme pour ses anciens oppresseurs, pour les rivaux de son commerce, contre la Nation qui l'avoit autrefois aidé à briser ses fers, & qui lui offroit alors son alliance. L'Europe se ligue contre la France ; & la France oppose MAURICE à l'Europe.

Déja il a su tromper la vigilance de ces fiers ennemis. Tournai est investi en leur présence, & cette Place est prête à succomber. L'Angleterre, l'Autriche, Hanovre & la Hollande réunissent leurs forces pour la défendre. Ils approchent. MAURICE a formé le projet audacieux de continuer en même tems un siege & de livrer une bataille. LOUIS accourt avec son Fils. Il vient partager avec ses sujets la gloire & le danger de cette fameuse journée. * O champs de Fontenoy ! vous allez enfin décider cette grande querelle. C'est dans cet espace étroit qu'est renfermée la destinée de quatre Empires.

Que ceux qui veulent savoir jusqu'où peut aller la force d'une grande ame, s'arrêtent ici pour contempler MAURICE. Il

C 2

est

---

* Bataille de Fontenoy le 11. Mai 1745.

eſt expirant; (*t*) & c'eſt lui qui eſt dépoſi
taire du ſort de la France. Ce ſont des
mains mourantes qui ſoutiennent ce fardeau
immenſe. On diroit que les loix de l'humanité ne ſont point faites pour lui, &
que ſon ame guerriere eſt indépendante du
corps qu'elle habite. Son génie ſemble s'élever davantage parmi les ruines de ce corps
qui s'écroule. Ange tutélaire de la France, veille ſur lui. Déja il a meſuré d'un
œil rapide toute l'étendue du terrein, il a
vu tous les avantages qu'il peut ou prendre ou donner, il a pénétré les projets des
ennemis par leur arrangement, il a choiſi
tous ſes poſtes, combiné les rapports de
toutes les poſitions, fixé tout pour l'atta

que

(*t*) Lorſque la Bataille de Fontenoy ſe livra le Maréchal de Saxe étoit preſque mourant. Il ſe faiſoit traîner dans une voiture d'oſier, pour viſiter tous les poſtes. Pendant l'action il monta à cheval; mais ſon extrême foibleſſe faiſoit craindre qu'il n'expirât à tous
momens. C'eſt ce qui fit dire au Roi de Pruſſe dans une lettre qu'il lui écrivit long-temps après, ,, qu'agi
,, tant il y a quelques jours la queſtion de ſavoir quel
,, le étoit la Bataille de ce ſiecle qui avoit fait le plus
,, d'honneur au Général, les uns avoient propoſé celle
,, d'Almanza, & les autres celle de Turin; mais qu'en
,, fin tout le monde étoit tombé d'accord que c'étoit
,, ſans contredit celle dont le Général étoit à la mort
" lorſqu'elle ſe donna. "

que, tout prévu pour la défénse : il a dif-
tribué aux Héros qui le fecondent, les détails de l'exécution, & s'eft réfervé pour lui
la partie la plus fublime, celle d'attendre
les hafards & de les maîtrifer.

Tout s'ébranle. Ces grands corps fe
heurtent & s'entrechoquent. MAURICE
tranquille au milieu de l'agitation, obferve
tous les mouvemens avec le fang froid de
la fupériorité, prend confeil des événemens, diftribue des fecours, donne des or-
dres, répare les malheurs. Sa tête eft auffi
libre que dans le calme de la fanté. Il bra-
ve doublement la mort : il fait porter dans
tous les lieux où l'on combat, ce corps
foible qui femble renaître & fe multiplier
par l'activité de fon ame. C'eft de ce corps
mourant que partent ces regards perçans &
rapides qui reglent, changent, ou fufpen-
dent les événemens, & font les deftins de
cent mille hommes. La fortune combat pour
nos ennemis. Une utile terreur (v) a for-

C 3

mé

____

(v) Cette fameufe Colonne dont on a fait honneur au génie de nos Ennemis, fut prefque l'ouvrage du hafard. L'Infanterie Angloife étoit d'abord rangée fur deux lignes ; & fes
flancs expofés au feu de notre artillerie, fouffroient beaucoup.
Ce fut ce qui obligea cette Infanterie à fe refferrer pour

prè-

mé cette colonne dont les effets ont été regardés comme le chef-d'œuvre d'une Art terrible & profond. Toujours ferme, toujours inébranlable, elle s'avance à pas lents, elle vomit des feux continuels, elle porte par tout la destruction. Trois fois nos Guerriers attaquent ce rampart d'airain, trois fois il sont forcés de reculer. L'ennemi pousse des cris de Victoire, le destin de la France chancelle, la Nation tremble pour son Roi. MAURICE voit des ressources où l'armée entiere n'en voit plus. Au milieu de cette confusion & de ce trouble, il ramasse toutes les forces de son ame. Une triple attaque est en même tems formée sur un nouveau plan. La colonne est rompue, le Génie de la France se rassure & L O U I S est Vainqueur. O MAURICE ! puisque tu n'es plus, permets au moins qu'un Citoyen obscur mais sensible s'adresse à ta cendre : reçois

---

présenter un front moins large, & à former ce bataillon quarré qui fit tant de progrès & de ravages, & qui donna pendant une heure entiere la victoire à nos Ennemis. Le Maréchal de Saxe pour l'enfoncer, le fit attaquer en même tems de front & par les deux flancs. Ces trois attaques concertées ensemble, & exécutées avec la plus grande intrépidité, arracherent enfin la victoire aux Anglois.

çois pour ce grand bienfait les hommages de mes Concitoyens & les miens : la postérité te doit son admiration, mais nous, nous te devons un sentiment plus tendre, nous devons chérir & adorer ta mémoire.

Les grandes batailles, semblables aux tremblemens de terre, donnent presque toujours de violentes secousses aux Etats ; & plus le choc a été terrible, plus l'ébranlement s'étend & se communique au loin. Tournay, Gand, Bruges, Oudenarde, Ostende, Ath & Nieuport, tombent devant les Vainqueurs de Fontenoy. Bruxelles qui étoit défendue par une armée entiere, par dix-sept Généraux, par les rigueurs excessives de la saison, dans le tems qu'elle croyoit MAURICE loin d'elle, est étonnée de se voir presqu'en même tems investie, assiégée & prise au milieu des glaces de l'hyver. A ces conquêtes en succedent d'autres non moins rapides. Malines, Anvers, Mons, Louvain, Charleroi, ouvrent leurs portes aux Héros de la France. Namur est foudroyé sur ses rochers. La honte irrite le courage de nos ennemis. Déja ils ont oublié la Journée fatale de Fontenoy. Ils osent tenter une seconde fois la fortune. * Une

C 4

nou-

---

* Bataille de Raucoux le 11 Octbobre 1746.

nouvelle bataille est pour MAURICE un nouveau triomphe. Raucoux sera témoin de leur défaite. Tout ce que le génie de la guerre a pu inventer de plus terrible, se réunit ici. Je vois une armée nombreuse & intrépide, postée sur des hauteurs, retranchée de toute part, soutenue par des redoutes, défendue par cent pieces d'artillerie dont le feu combiné annonce une destruction presqu'inévitable. MAURICE a tout vu & tout disposé. Trois attaques se forment presque en mêmes tems contre trois postes. Rien n'égale l'opiniâtreté de l'attaque que celle de la défense. Des deux côtés c'est la valeur qui combat ; mais MAURICE guidoit la valeur des François, & il ont vaincu. Les ennemis fuyent à pas précipités, & mettent la meuse entre eux & leur Vainqueur.

LOUIS qui doit à MAURICE des jours aussi brillans, n'a point la foiblesse orgueilleuse de ces anciens maîtres du Monde, plus fameux encore par leurs vices que par leurs grandeur, chez qui les vertus étoient dangereuses, & qui ne pardonnoient presque jamais la gloire d'avoir bien servi l'Etat. * Le Gé-

---

* Ac ne notabilis celebritate & frequentiâ occurrentium introitus effet, vitato amicorum officio, noctu in urbem,

Général qui avoit vaincu, en arrivant dans ces Cours foibles & barbares, étoit forcé de cacher ses victoires comme des crimes, & après de froids embrassemens, unique témoignage d'une reconnoissance forcée, pour faire oublier sa gloire, il se hâtoit de se confondre dans la foule des esclaves. LOUIS se sent assez grand pour ne pas se croire humilié par un grand Homme: & il ne craint que de n'être pas assez puissant pour récompenser tant de services. Il sait que l'honneur est l'aliment de l'ame des Héros. (x) Des

dif-

---

noctu in Palatium, ita ut præceptum erat, venit; exceptusque brevi osculo & nullo sermone, turbæ servientium immixtus est. *Tacit. ex vita Agric.*

(x) Au mois d'Avril 1746. le Roi donna au Maréchal de Saxe des Lettres de Naturalité. Elles sont conçues dans les termes les plus honorables & les plus flatteurs. Après la Bataille de Raucoux, il lui fit présent de six pieces de canon qui faisoient partie de l'artillerie prise sur les ennemis; honneur rare, & qui de la part d'un Roi est la marque de la plus grande confiance. Il lui avoit déja donné le Château de Chambord pour en jouir durant sa vie comme d'un bien propre. Le Mariage de Mr. le Dauphin avec la Princesse Royale de Saxe, mit le comble à la consideration dont jouissoit le Maréchal. En 1747. il fut créé Maréchal Général de toutes le Armées du Roi. Les provisions sont datées du 12. Janvier. Enfin au mois de Janvier 1748. le Roi le nomma Commandant Général de tous les Pays-Bas nouvellement conquis Ju suis entré dans tous ces détails, parce qu'ils font autant d'honneur

au

diſtinctions nouvelles ſont créées pour celui qui a fait des exploits nouveaux. Un titre *
ſuprême qui avoit été la plus digne récompenſe de Turenne au milieu de ſes triomphes, & de Villars au bord du tombeau , ſoumet à MAURICE toutes les armées de LOUIS. Une confiance plus flatteuſe que les dignités lui donne un ami dans un Roi. L'envie qui n'oſe élever ſes regards juſqu'à lui, frémit en l'admirant,& ne murmure que dans la pouſſiere.

MAURICE vole à de nouvelles victoires. En vain l'Autriche & l'Angleterre épuiſent leur ſang & leurs tréſors contre la France. En vain leur politique pour déterminer la lenteur circonſpecte de la Hollande, a ſu engager ces Républicains à ſe nommer un Chef qui réunît dans ſa main les rênes du Pouvoir, qui donnât plus d'harmonie & d'activité a leurs deſſeins. Ils ont ſacrifié leur liberté ſans augmenter leurs reſſources ; & leurs craintes imaginaires les précipitent enfin dans des maux réels. MAURICE a pénétré dans la Flandre Hollandoiſe , & chaque pas qu'il y fait eſt marqué par des conquêtes. Les nou-

ve-

---

au Souverain qui récompenſe , qu'au Sujet qni mérite de l'être.

 * Titre de Maréchal Général de toutes les Armées du Roi.

veaux efforts des Alliés leur annoncent de nouvelles difgraces. * Laufelt théatre d'un combat fanglant, confacre le nom de MAU-RICE par une troifieme Victoire. Une entreprife hardie & que le fuccés feul peut juftifier, eft la fuite de cette bataille. (y) Une Ville qui avoit été l'écueil des deux plus fameux Capitaines de leur fiecle, & que les Nations regardoient comme imprenable, eft affiégée, attaquée & emportée d'affaut. Si MAURICE n'eut point la gloire de cette conquête, il eut celle d'en avoir formé le projet, & d'avoir appellé au fervice de la

Fran-

---

* Bataille de Laufelt le 2. Juillet 1747.

(y) Berg-op-Zoom avoit été affiégée deux fois, l'une par le Prince de Parme en 1588., l'autre par *Spinola* en 1622., & ces deux Généraux avoient vu tous leurs efforts échouer devant cette Place. La conquête en étoit plus difficile encore, depuis les ouvrages immenfes que le célebre Cohorn avoit ajoutés aux anciennes fortifications. Les inondations des marais, l'abondance de toutes fortes de provifions, trois cens pieces d'artillerie, une garnifon nombreufe, une armée redoutable qui étoit aux portes de la Ville, tout confpiroit à faire croire à l'Europe qu'une telle entreprife ne pouvoit réuffir. Mr de Lowendahl vainquit tous les obftacles; & la Ville fut prife l'épée à la main le 11. Septembre 1747., lorfque la brêche étoit à peine praticable. On trouva dans le Port dix-fept grandes barques chargées de provifions, avec cette adreffe en gros caracteres, *à l'invincible garnifon de Berg-op-Zoom.*

France l'illuftre Danois qui l'exécuta. Il eut la gloire encore plus rare d'employer un grand Homme fans en être jaloux. Le bruit de cette chute retentit dans toute l'Europe. La Hollande épouvantée tremble pour fes Etats. L'Autriche & l'Angleterre connoiffent alors qu'il n'y a point de barriere qui puiffe arrêter la fortune de la France.

Rois, Peuples, Guerriers, foyez attentifs au dernier fpectacle que MAURICE vous prépare. Quel eft ce nouveau projet qu'il a formé ? Que fignifient tous ces mouvemens combinés, ces marches favantes ? Quel fera le point de réunion de tous ces corps de troupes divifés ? Sur qui doit tomber l'orage qui gronde ? Trois Villes fe croyent menacées en même tems. Les Alliés incertains ignorent quel eft le pofte qu'ils doivent abandonner, & celui qu'ils doivent défendre. Ils s'agitent, ils fe troublent. La foudre les éclaire en tombant. Maftricht eft enveloppé. Quatre-vingt mille hommes qui font préfens, ne peuvent arrêter MAURICE, & font réduits à l'admirer. C'en eft fait ; tant de fuccés ont décidé du fort de la guerre. LOUIS Conquérant accorde la paix aux Nations par humanité, & fes ennemis vaincus l'acceptent par befoin. Les victoires de MAU-

RI-

RICE ont donné repos au monde.

Ce grand Homme, cher à L O U I S, adoré de la Nation, craint & refpecté de toute l'Europe, efpéroit jouir paifiblement de fa gloire dans le fein du repos; & la France l'efpéroit avec lui. On n'approchoit de fa retraite de Chambord qu'avec ce refpect religieux qu'infpire le féjour des grands Hommes. Son Palais étoit regardé comme le Temple de la valeur & le Sanctuaire des vertus guerrieres. Mais ô foibleffe! ô néant! Ce Temple va devenir un tombeau. Il femble que MAURICE ne devoit exifter que pour faire des grandes chofes, ou que fon deftin rapide n'eût été fufpendu que pour la France: Dès qu'il a ceffé de vaincre, il difparoît de deffus la terre. Il meurt: [z] & celui qui avoit été élu

Sou-

(z) Le Maréchal de Saxe mourut à Chambord le 30. Novembre 1749. après neuf jours de maladie. Son intention avoit été de n'avoir ni fépulture ni pompe funebre. Il avoit demandé que fon corps fût brûlé dans de la chaux vive, *afin*, ajouta-t-il *qu'il ne refte plus rien de moi dans le monde, que ma mémoire parmi mes amis.* Le Roi, trop jufte & trop fenfible pour foufcrire à cette demande, voulut donner à fes fujets l'exemple d'honorer ce grand Homme, même lorfqu'il n'étoit plus. Son corps fut embaumé, & trafporté avec la plus grande pompe à Strasbourg, pour y être inhumé dans l'Eglife Luthérienne de St. Thomas. On pr

Souverain par un Peuple libre, qui avoit été comblé de tant d'honneurs, qui avoit gagné tant de batailles, qui avoit pris ou défendu tant de Villes, qui avoit vengé ou vaincu les Rois, qui étoit l'amour d'une Nation & la terreur de toutes les autres, compare en mourant sa vie à un songe.

Sa mort fut une calamité publique pour la France, un grand événement pour l'Europe, une perte pour l'humanité. LOUIS s'honora lui-même, en honorant ce grand Homme de ses regrets. Les Courtisans qui sont si peu sensibles, furent attendris sur un destin si brillant & si Passager. Le Peuple qui est la partie la plus méprisée & la plus vertueuse de l'Etat, pleura l'appui & le défenseur de la Patrie. Mais vous Guerriers qu'il conduisoit dans les batailles, vous que tant de fois il a menés à la victoire, quels furent alors vos sentimens? Pour les peindre, je

n'au-

---

prodigua à sa cendre tous ces honneurs funebres si vains lors qu'ils ne sont accordés qu'aux titres & à la naissance, si respectables lorsque c'est un hommage que la reconnoissance rend au mérite. Le beau Mausolée dont le modele a déja été admiré au Louvre, & qui doit être exécuté en marbre par le célebre Pigale, cet homme si digne d'immortaliser les Héros, achevera de consacrer la reconnoissance du Roi, & la gloire du Maréchal.

n'aurai pas recours aux vains artifices de l'é-
loquence. Les grands mots expriment foi-
blement les grandes douleurs. Je voudrois
graver fur l'airain une action que l'Univers
doit apprendre, & dont la poftérité doit conferver le fouvenir. Après que le corps de
MAURICE eût été tranfporté dans la capitale de l'Alface, deux foldats qui avoient fervi
fous lui, entrent dans le Temple où étoit
dépofée fa cendre. Ils approchent en filen-
ce, le vifage trifte, l'œil en pleurs. Ils
s'arrêtent aux pieds du tombeau, le regar-
dent, l'arrofent de leurs larmes. Alors l'un
d'eux tire fon épée, l'applique au marbre de
la tombe, comme pour en aiguifer le tran-
chant. Saifi du même fentiment fon compa-
gnon imite fon exemple. Tous deux enfuite
fortent en pleurant, l'œil fixé fur la terre,
& fans proférer un feul mot. S'il eft un
homme à qui cette action ne paroiffe par l'ex-
preffion la plus fublime du fentiment dans
des ames fimples & guerrieres, la nature lui
a refufé un cœur. Ils penfoient ces deux
Guerriers que le marbre qui touchoit aux
cendres de MAURICE, avoit le pouvoir de
communiquer la valeur & de faire des Héros.
Vous ne vous trompez pas, dignes foldats de
MAURICE : tandis que fon ombre, du milieu de l'Alface qu'elle habite, fémera encore

re la terreur chez nos ennemis, & gardera les bords du Rhin, la vue du marbre qui renferme fa cendre, élévera l'ame de tous les François, leur infpirera le courage, la magnanimité, l'amour généreux de la gloire, le zele pour le Roi & pour la Patrie.